CEM POEMAS BRINCANTES E MUITOS MAIS

Editora Appris Ltda.
1.ª Edição - Copyright© 2023 do autor
Direitos de Edição Reservados à Editora Appris Ltda.

Nenhuma parte desta obra poderá ser utilizada indevidamente, sem estar de acordo com a Lei nº 9.610/98. Se incorreções forem encontradas, serão de exclusiva responsabilidade de seus organizadores. Foi realizado o Depósito Legal na Fundação Biblioteca Nacional, de acordo com as Leis nºs 10.994, de 14/12/2004, e 12.192, de 14/01/2010.

Catalogação na Fonte
Elaborado por: Josefina A. S. Guedes
Bibliotecária CRB 9/870

M271c 2023	Mandarino, Cláudio Marques 　Cem poemas brincantes e muitos mais / Cláudio Marques Mandarino. 1. ed. – Curitiba: Appris, 2023. 　154 p. ; 21 cm. 　Inclui referências. 　ISBN 978-65-250-3871-1 　1. Poesia brasileira. 2. Brincadeiras. 3. Infância. 4. Educação física. I. Título. 　　　　　　　　　　　　　　　　　　　　　　CDD – 869.1

Editora e Livraria Appris Ltda.
Av. Manoel Ribas, 2265 – Mercês
Curitiba/PR – CEP: 80810-002
Tel. (41) 3156 - 4731
www.editoraappris.com.br

Printed in Brazil
Impresso no Brasil

Cláudio Marques Mandarino

CEM POEMAS BRINCANTES E MUITOS MAIS

FICHA TÉCNICA

EDITORIAL
Augusto Vidal de Andrade Coelho
Sara C. de Andrade Coelho

COMITÊ EDITORIAL
Marli Caetano
Andréa Barbosa Gouveia (UFPR)
Jacques de Lima Ferreira (UP)
Marilda Aparecida Behrens (PUCPR)
Ana El Achkar (UNIVERSO/RJ)
Conrado Moreira Mendes (PUC-MG)
Eliete Correia dos Santos (UEPB)
Fabiano Santos (UERJ/IESP)
Francinete Fernandes de Sousa (UEPB)
Francisco Carlos Duarte (PUCPR)
Francisco de Assis (Fiam-Faam, SP, Brasil)
Juliana Reichert Assunção Tonelli (UEL)
Maria Aparecida Barbosa (USP)
Maria Helena Zamora (PUC-Rio)
Maria Margarida de Andrade (Umack)
Roque Ismael da Costa Güllich (UFFS)
Toni Reis (UFPR)
Valdomiro de Oliveira (UFPR)
Valério Brusamolin (IFPR)

SUPERVISOR DA PRODUÇÃO Renata Cristina Lopes Miccelli
ASSESSORIA EDITORIAL Débora Sauaf
REVISÃO Ana Lúcia Wehr
Tarik Almeida
PRODUÇÃO EDITORIAL Raquel Fuchs
DIAGRAMAÇÃO Bruno Ferreira Nascimento
CAPA Daniela Baumguertner

Dedico esta obra às crianças das escolas municipais de ensino infantil Vila Tronco e Osmar dos Santos Freitas (Marzico), por comporem as práticas pedagógicas da Educação Física de um modo poético.

O educador deveria viajar. E convidar a viajar. Deixar passar o que já sabe. Atravessar o que não sabe. Passar um sinal, uma palavra, que possa atravessar a quem o receba. Sair de si mesmo. Sair de excursão pelo mundo. Dar um símbolo a esse mundo. Passar por ele. Passear por ele. Construir a travessia do educar. Que o tempo não passe como passa o tempo. Porque educar também é tempo para a pausa, dar tempo ao tempo para escutar, para olhar, para escrever, para ler, para pensar, para brincar, para narrar...

(Carlos Skliar, 2014)

APRESENTAÇÃO

Os poemas que aqui apresento são modos que utilizei para guardar na memória as aulas de Educação Física, em duas escolas de educação infantil, que aconteceram entre os anos de 2016 e 2021. São poemas que carregam alguns sentidos do que foi vivenciado com as crianças. Pode-se entender que os sentidos deles, os poemas, caminham na direção daquilo que nomeei, na minha tese de doutorado, como sendo uma docência cuidadosa. A docência cuidadosa está colada a um exercício de si, presente na ação docente, que envolve uma estética da existência que me compôs e que me cuidou, conduzindo as minhas condutas e regulando as minhas práticas.

Muitos dos poemas trazem registros das histórias de literatura infantil que eram utilizadas para que as experiências corporais, as experiências brincantes, não se afastassem do universo lúdico das crianças. Outros poemas são inspirados pelo poeta Manoel de Barros ou por leituras no campo da Educação, Educação Física, Filosofia, Artes, entre outros que me acompanham. Cada um dos mais de 100 poemas foram escritos para serem lidos durante os encontros com as turmas de educação infantil das escolas, num exercício de cuidado pedagógico.

O momento em que eles foram surgindo a cada semana, meses e anos coincidiram com o meu processo formativo no doutorado em Educação na Universidade do Vale do Rio dos Sinos. Quando as pausas entre os poemas acontecem, isso se deve em decorrência de uma participação em movimentos que reivindicavam uma melhor valorização no serviço público, afastamentos por licença, ensino remoto durante a crise sanitária da SARS-CoV-2 (Covid-19)[1], ou seja, das coisas que são da ordem da vida e que nos mostram que nem tudo é linear, nem passível de ser previsto.

---

[1] Entre os anos de 2020 e 2021, as rotinas escolares foram alteradas no que foi chamado de isolamento social em decorrência da Sindemia/Pandemia da Covid-19. Em ambos os anos, aconteceram retomadas do ensino presencial, seguidas da volta ao ensino remoto.

Na revisão final dos poemas, resolvi acrescentar breves comentários sobre cada um deles. Faço este comentário porque, durante as suas elaborações primeiras, eles não estavam presentes. Procuram fazer um fechamento, poético, do poema escrito, e alguns deles trazem os livros e autores que, de alguma forma, foram constituidores do poema.

O sem limite para escrever poemas é porque nenhum deles encerra-se em si mesmo, nem consegue traduzir as inúmeras experiências de corpos brincantes que foram vivenciados pelas crianças. No sem limite se está longe de mostrar como o universo infantil e a experiência da infância carregam consigo as suas poéticas corporais, a sua filosofia, a sua educação, a sua multiplicidade de culturas e modos de ser e agir. Esse movimento caminha na direção em que o filósofo Michel Foucault (2010, p. 289) comenta sobre a experiência com sendo "qualquer coisa de que se sai transformado". Posso dizer que a relação que estabeleci com a escrita dos poemas, com a docência e a ética que me acompanha, constituiu essa experiência de si consigo mesmo.

O convite que faço é que os/as leitores/as recebam estes poemas vivos, porque emergiram da vida pulsante do cotidiano escolar, e estabeleçam de algum modo o seu diálogo durante esta travessia que se remete a mais de 100 aulas, mais de 100 poemas, mais de 100 cuidados de si e com o outro.

REFERÊNCIAS

FOUCAULT, Michel. Conversa com Michel Foucault. *In*: FOUCAULT, Michel. **Ditos & Escritos VI**: Repensar a política. Rio de Janeiro: Forense Universitária, 2010. (Coleção Ditos & Escritos VI). p. 289-247.

PREFÁCIO

Docência e cuidado: por uma (po)ética pedagógica

Cláudio Mandarino é um colega, um professor, um aluno, um pesquisador, um poeta...

Nos conhecemos há muito tempo. No início dos anos 2000, estudamos juntos na Unisinos e trabalhamos juntos na Rede Municipal de Ensino de Porto Alegre. Partilhamos muito sobre os desafios, os limites e as possibilidades de ensinar crianças, jovens e adultos. Trabalhamos como professores de escola e com a formação de formadores. Entre os anos de 2016 e 2020, pude construir outra parceria bonita e potente com Cláudio: o recebi no grupo de orientação para o curso de doutorado em Educação e me tornei também sua orientadora.

Nesses anos, aprendi e desaprendi muito sobre docência e orientação com o Cláudio, principalmente sobre os modos de pensar e fazer docência na articulação com o corpo e a poesia. As experiências que vivemos no processo de escrita acadêmica e de feitura da tese mostraram-me como era e é importante a ele tecer essa relação. Para Cláudio, a docência vivida e revivida por ele, a cada dia, é atravessada e constituída pelo corpo e pela poesia.

Em minhas pesquisas, tenho construído um argumento para explicar esse processo de se tornar professor/professora na articulação com o que chamo de "presença docente".

> A presença docente exige encarnação. Envolver-se com alguém como professora significa estabelecer uma relação consciente de si mesma e da presença do outro. A presença docente compreende inteireza, um modo de teorizar e de praticar o trabalho

> docente, uma maneira de corporificar a docência com cada parte de nós mesmas. (DAL'IGNA, 2022, no prelo).

Cláudio define a docência por meio da poesia e do corpo. Por isso, esta obra, chamada *Cem poemas brincantes e muito mais*, pode ser apresentada, em parte, como um texto sobre docência, corpo e poesia.

Ao mesmo tempo, o que Cláudio nos oferece, durante a leitura dos poemas, conduz-nos a pensar sobre os modos de ser e exercer a docência desde as perspectivas ética, poética e pedagógica.

> A criança percebeu
> que o estômago, é descobridor do corpo
> o professor, então, passou a ensinar
> coisas com sabor de brincadeiras
> para alimentar a barriga do brincante
> (125. ENFARAR DE BRINCAR).

> Pular, explicar
> formar grupos
> chamar, organizar, voltar a conversar,
> falar, para se agrupar
> a roda do ensinar, não para de girar
> (43. RODA-VIVA DA AULA).

Com as poesias, Cláudio traduz sua docência autoral, um exercício que ele nomeia de "docência cuidadosa":

> A tese que defendo é de que, nas obras pedagógicas acadêmicas, produz-se uma docência. Uma docência e um cuidado. Uma docência e um cuidado em que o professor é convocado a olhar para o outro de determinada forma. Mais ainda, em que o professor é convocado a olhar para si de determinada forma [...]. (MANDARINO, 2020, p. 28-29).

Ao estudarmos a docência e o cuidado no grupo de pesquisa[2], tem sido possível identificar, descrever e analisar distintos sentidos para "docência" e para "cuidado". Dialogando com Carol Gilligan (2013), Michel Foucault (2006), Leonardo Boff (2014) e Graciela Morgade (2020), posso sustentar o seguinte argumento: a docência é certo modo de vida, certo modo de ser e de agir que permite construir uma experiência de si consigo mesmo e uma experiência comum em que cada pessoa possa encontrar nutrição para buscar a sua forma de realização pessoal, acadêmica e profissional. As autoras e os autores citados, desde distintas perspectivas e associados a áreas de conhecimento diversas, nos convidam a pensar e praticar uma ética do cuidado, a construir um ethos docente que rompe com modelos binários, que recusa batalhas entre seres humanos, que defende a democracia e a pluralidade cultural.

Nas palavras de Gilligan (2013, p. 31):

> a ética do cuidado não é uma ética feminina, mas feminista, e o feminismo guiado por uma ética do cuidado, pode ser considerado o movimento de libertação mais radical — no sentido de que vai à raiz — da história da humanidade.[3]

Desde essa posição, a ética do cuidado pode permitir uma análise do nosso trabalho docente para exercitar o pensamento, para experimentar, para resistir, para reexistir neste mundo. Eu aposto nisso todos os dias!

Embora estejamos vivendo tempos difíceis, de ataques aos direitos à educação e ao processo democrático, com alegria e esperança, convido à leitura destes poemas. Eles atestam a luta constante de um professor que trilha caminhos de ensino, pesquisa e formação, buscando ferramentas para intervenções no mundo. Por uma docência cuidadosa! Por uma (po)ética pedagógica!

---

[2] LOLA – Grupo Interinstitucional de Pesquisa em Trabalho Docente, Gênero e Sexualidade.
[3] "La ética del cuidado no es una ética femenina, sino feminista, y el feminismo guiado por una ética del cuidado podría considerarse el movimiento de liberación más radical — en el sentido de que llega a la raíz — de la historia de la humanidad" (GILLIGAN, 2013, p. 31).

Sapiranga/RS, 4 de julho de 2022

Maria Cláudia Dal'Igna
Professora e pesquisadora do Programa de Pós-Graduação em Educação da Universidade do Vale do Rio dos Sinos (Unisinos)

REFERÊNCIAS

BOFF, Leonardo. **Saber cuidar**. Petrópolis/RJ: Vozes, 2014.

DAL'IGNA, Maria Cláudia. **Nós da docência**: problematizações sobre humanidade, presença e autoria. São Paulo: Pimenta Cultural, 2022. [no prelo].

FOUCAULT, Michel. A ética como cuidado de si como prática de liberdade. *In*: FOUCAULT, Michel. **Ética, sexualidade e política**. Rio de Janeiro: Forense Universitária, 2006. (Coleção Ditos & Escritos V). p. 264-287.

GILLIGAN, Carol. **La ética del cuidado**. Barcelona: Fundación Víctor Grífols i Lucas, 2013. [Cuaderno n. 30].

MANDARINO, Cláudio. **Docência cuidadosa**: produção de sentidos em obras pedagógicas acadêmicas. 2020. Tese (Doutorado em Educação) – Programa de Pós-Graduação em Educação, Universidade do Vale do Rio dos Sinos, São Leopoldo, 2020.

MORGADE, Graciela. La pandemia y el trabajo de las mujeres en foco: acerca del "cuidado" como categoría y eje de las políticas. *In*: DUSSEL, Inés; FERRANTE, Patricia; PULFER, Darío (comp.). **Pensar la educación en tiempos de pandemia**: entre la emergencia, el compromiso y la espera. Buenos Aires: UNIPE Editorial Universitaria, 2020. p. 53-62.

Sumário

1. DESAFIO ... 19
2. MINHOCA ... 20
3. TELHADO ... 21
4. PÉ ... 22
5. O SUSTINHO ... 23
6. O PERALTA I ... 24
7. DORMINHOCA ... 25
8. CONGELADO ... 26
9. RIO DE PNEU ... 27
10. BOLICHE ... 28
11. HISTÓRIA DA LUA ... 29
12. DEDINHOS ... 30
13. EQUILÍBRIO ... 31
14. MOVIMENTOSOLÊ ... 32
15. COELHO SAI DA TOCA ... 33
16. OLÁ, OLÁ, OLÊ ... 34
17. TAMANHO DA CORAGEM ... 35
18. MUTA(IMAGINA)ÇÃO ... 36
19. VIRAR MINGAU ... 37
20. CAPOEIRA CHEGOU ... 38
21. BUÁ, BUÁ, BUÁ ... 39
22. DESCANSAR ... 40
23. BAGUNCEIRA ... 41
24. TARTARUGA ... 42
25. DIFERENÇA ... 43
26. EMOÇÃO ... 44
27. ARRANHÃO ... 45
28. MELADO ... 46
29. O SUSTO ... 47
30. O MACAQUINHO E O TIGRE ... 48

31. A ÁRVORE	49
32. CHULÉ	50
33. O SUSTO ASSUSTADO	51
34. SEMENTINHA	52
35. ATENÇÃO: AMARELINHA	53
36. PEDRINHA	54
37. ESCONDER	55
38. DORMINHOCO	56
39. BRINCÃO	57
40. APAGALINHA	58
41. BOLINHA	59
42. DESENHO	60
43. RODA-VIVA DA AULA	61
44. PASSEIO DA BOLINHA	62
45. BARULHO	63
46. ESCONDIDO	64
47. CORRIDA	65
48. TÊNIS	66
49. ELÁSTICO	67
50. ASSUSTOU	68
51. DESAFIO	69
52. CONVERSA	70
53. INVENTÁSTICO	71
54. CORPO ESCONDIDO	72
55. ENSINAGEM	73
56. DENSIFICAR	74
57. SURPRESA	75
58. GIRAR	76
59. A ONDA	77
60. TOCA TOQUINHA	78
61. MEIA LUA	79
62. CAPOEIRA CHEGOU	80
63. A CAPOEIRA SAIU	81
64. CAMALEÃO	82
65. ENGATINHANDO	83

66. PINTURA 84
67. A LUA E O TELHADO 85
68. PEDRINHA 86
69. ESCOLA FLORIDA 87
70. CARANGUEJO 88
71. O TIGRE E O MACACO 89
72. O CORPO CANTOU 90
73. INVENÇÃO 91
74. ACORDAR E FUGIR 92
75. BRINCOU, OU, OU 93
76. A JIBOIA 94
77. A CORDA 95
78. BRINCARES 96
79. PERALTA II 97
80. ACORDA 98
81. HÁ, A CORDAR 99
82. IDEIA DE CORDA 100
83. APRENDER 101
84. FALSA BAIANA 102
85. PULANDO 103
86. LECO E LECA PETELECO/A 104
87. DEDO 105
88. MEIA LUA 106
89. LUA E LINGUAGENS 107
90. LECO E LECA CHULECO/A 108
91. PLANETA BOLA 109
92. LECO E LECA CHULECO/A E A BOLA 110
93. FUTEBOL 111
94. VOOU 112
95. PERALTA III 113
96. CORDA 114
97. A CORDA PERALTA 115
98. O TIGRE E O MACACO 116
99. O CIRCO 117
100. SUSTO DE ACORDAR 118

101. A BOLA MALABARISTA ... 119
102. DIVERSÃO ... 120
103. DESENHO ... 121
104. GINÁSTICA ... 122
105. AMORTECIMENTOS ... 123
106. LADAINHA ... 124
107. 2020, INVENTE ... 125
108. REINVENTAR ... 126
109. PRIMEIROS PASSOS ... 127
110. EXPLOSÃO ... 128
111. TRÊS DIAGRAMAS ... 129
112. GUARDAR A LEMBRANÇA ... 130
113. AMARELINHA DE BAMBOLÊ ... 131
114. AMARELINHA SORRINDO ... 132
115. SEM FIM ... 133
116. TEMPO PARA BRINCAR ... 134
117. PALMA DA MÃO ... 135
118. DEDOS CONTANTES ... 136
119. ALTO DO CHAPÉU ... 137
120. MARES DA IMAGINAÇÃO ... 138
121. LUGAR DA INFÂNCIA ... 139
122. SORRIR DE CRIANÇA ... 140
123. HORIZONTE DO BRINCAR ... 141
124. ENFARAR DE BRINCAR ... 142
125. CAPOEIRA NA LOUSA ... 143
126. DESENHOS COMENTADOS ... 144
127. MEMÓRIA CAPOEIRA ... 145
128. CORPO TRABALHO ... 146
129. IDEIA VIAJANTE ... 147
130. O DIA VOLTOU ... 148
131. OS BRINCANTES ... 149
132. SIMPLICIDADE ... 150
133. ENCANTO ... 151
134. MAIS DE CEM POEMAS BRINCANTES ... 152

1. DESAFIO

O corpo saltou
o elástico esticou
o salto sorriu
ninguém não caiu

Todo mundo viu
o pé experimentado
voando avoado
que entrou e saiu

Brincou na maré
marcada no fio
molhado no rio
que baita desafio

Estar em movimento, criança, é inventar jeitos do corpo brincar e se poetizar nos saltos da imaginação.

(05/05/2016)

2. MINHOCA

O corpo brincou
o cachorro imitou
embaixo da mesa
passou com destreza

Dentro da toca
cadeira era túnel
arrastava a barriga
parecia uma minhoca

Puxando a amiga
ajudou a sair
sonho de criança
acordar e sorrir

O desejo da criança é encontrar os sonhos estando acordada.

(06/05/2016)

3. TELHADO

O olho abriu
o professor fez um gesto
Puff!!
mágica do sumiu

Apareceu na porta
parecia engraçado
imitou um macaco
subiu no telhado

Corpo para um lado
fora do quadrado
gesto esperto
caindo, longe e perto

Magia de verdade, só a imaginação, que transforma as coisas sem a fumaça da explosão.

(12/05/2016)

9. PÉ

Pé do pulão
pé de avião
voando com o corpo
sem levar um tombão

O elástico é grandão
maior que o riozão
mas todo enrolado
cabe na minha mão

O elástico é uma brincadeira convidando personagens da história a fazerem do corpo uma memória.

(12/05/2016)

5. O SUSTINHO

O gato assustador
caminhou bem devagarinho
chegou perto do cachorrinho
que era muito dorminhoquinho

Miou como um sininho
acordou assustadinho
foi pegar o gatinho
que fugiu bem de mansinho

Só a brincadeira de criança é capaz de tocar o sino com o miado.
Quem sabe, o som também quer ser o gesto duma linguagem.

(26/05/2016)

5. O PERALTA I

O cachorro era peralta
aprontava a cada volta
até para o astronauta
que pulava e tocava flauta

Derrubava tudo que tocava
sorria e escorregava
cada vez que bagunçava
na casa em que cuidava

A curiosidade, amiga da peraltagem, aparece antes da aprendizagem.

(03/06/2016)

7. DORMINHOCA

A raposa
dorminhoca
era brava
como a Dona Joca

Não gostava nem um pouco
que entrassem na sua toca
mas tinha uma boca tão grande
capaz de engolir uma foca

Poema infantil tem o gradiente da invenção, para o gesto brincar de rir.

(10/06/2016)

8. CONGELADO

Meia lua, lua e meia
um, dois, três
três, dois, um
o corpo fica congelado

Depois do tum, tum, tum
só não vale se mexer
numa pose sem tremer
no número que não deixa correr

Parafraseando a lua, o corpo congela, a contagem se encerra
e a criança espera.

(16/06/2016)

9. RIO DE PNEU

O pneu ensinou
o corpo empurrar
depois equilibrar
pular pelo rio.
– Você viu?

O movimento caminhou
quase caiu
a imaginação voou
brincou e sorriu.
– Quem viu?

"– Desenhando um pneu, era a brincadeira em que estou eu".

(04/07/2016)

10. BOLICHE

A garrafa de boliche
ajuda a bola rolar
a garrafa de boliche
faz a bola voar

A garrafa de boliche
ensina a mão a sacar
a garrafa de boliche
leva a criança para brincar

É hora de o corpo criar o que nem a garrafa nem a bola conseguem inventar.

(05/07/2016)

11. HISTÓRIA DA LUA

Movimento congelado
corpo avoado
olhar muito atento
palavras enumeradas pelo vento

Contando uma história
Reflexos da lua metade
brincadeira de rua
deixando muita saudade

Uma vez que a história entra na brincadeira, a lua pode transformar-se numa sombra no espelho d'água.

(11/07/2016)

12. DEDINHOS

Dedos amiguinhos
muitos sorrisinhos
alguns sozinhos
outros escondidinhos

Dedos de brincadeirinha
palavras maneirinhas
bobagens, bobas imagens
besteirinhas pequenininhas

No final, os dedinhos entraram em cena. Os tempos da aula valem a pena, mesmo que a brincadeira seja pequena.

(15/07/2016)

13. EQUILÍBRIO

Medo e insegurança
ousadia e perseverança
curiosidade e tentativa
distância e desconfiança

Convite de uma ponte
testando o equilíbrio
cuidado com o desmonte
para atravessar o rio
tem que nadar como um elefante

O equilíbrio da criança caminha de mãos dadas com o professor até o pátio. Depois, vem o desafio: equilibrar a turma no rio que ainda não viu.

(15/07/2016)

14. MOVIMENTOSOLÊ

Bambolê de movimentos
palavras e gestos atentos
atenção aos palavramentos
com todos seus inventos

Empurrarolê, girarolê, pularolê
dentro fora imitar
o bambolê ensina. O que?
o corpo com seus movimentosolê

Os gestos dão um rolê, com os movimentos brincados de olê.

(18/07/2016)

15. COELHO SAI DA TOCA

Troca de toquinha
muda de toquinha
troca de troquinha
toroca de toquinha
torca de toquinha
troca de torquinha

Era para ser, somente, uma troca do corpo para o outro bambolê, e não uma troca de letras. Chegaram a crianças, e as palavras se poetizaram.

(18/08/2016)

15. OLÁ, OLÁ, OLÊ

Caminhandolê
pulandolê
olhandolê
para fazer o quê?

Monte de bambolê
Olá olá olê, cadê você?

As palavras cresceram do chão num coneolê de furação.

(20/07/2016)

17. TAMANHO DA CORAGEM

Tem coragem muito grande
tem medo pequenininho
tem cautela pela metade
que acorda o(a) gatinho(a)

A cautela e a coragem
antes e depois das linhas
num lado a toca protege
noutro o cuidado é quem rege

A criança se descobre cutucando o sono.

(19/08/2016)

18. MUTA(IMAGINA)ÇÃO

A cobra virou corda
a corda que brincou
de passar por cima da cuca
e embaixo do chulé

A corda é uma brincadeirinha
que faz os sentidos pularem
a corda é uma brincadeirinha
fazendo os corpos se espelharem

A brincadeirinha tem o poder de se refletir na imaginação.

(16/09/2016)

19. VIRAR MINGAU

Vamos jogar capoeira
capoeira é muito legal
vamos jogar capoeira
senão você vira mingau

Bis – Vamos [...]

E a ladainha ficou cantando de brincar.

(09/11/2016)

20. CAPOEIRA CHEGOU

 Iêêê
 Capoeira chegou
 chegou para jogar
 a criança estava dormindo
agora está a brincar

 LÁ vai a roda girando
  DA capoeira cantando
  Iniciar o voo da
   NHAçanã planando

Capoeira tem a arte de brincar com as asas.

(15/11/2016)

21. BUÁ, BUÁ, BUÁ

Vamos jogar capoeira
capoeira é muito legal
vamos jogar capoeira
senão o "fulano" vira mingau

Buá, buá, buá
o "fulano" não veio
agora
eu vou chorar (Refrão)

Chamada chorando, chorada chamando.

(09/11/2016)

22. DESCANSAR

Vamos fechar os olhinhos
o soninho já está chegando
vamos fechar os olhinhos
tem corpo que está cansadinho

Cantiga de guardar os sorrisos e tentar esconder o silêncio.

(23/11/2016)

23. BAGUNCEIRA

A criança é muito bagunceira
a criança joga capoeira
se ela jogar direitinho
vai entrar na brincadeira

Bagunça mandingueira, gira o corpo no grau de capoeira.

(02/12/2016)

24. TARTARUGA

Casinha de tartaruga
casca de tartaruga
fazendo dos bambolês
o movimento tartaruguês

A criança inventa o que consegue transver (parafraseando o poeta Manoel de Barros).

(09/12/2016)

25. DIFERENÇA

Capoeira é todo mundo
não importa a diferença
na cadeira também vale
jogar e pedir licença

Brincadeira, na essência, reconhece a diferença (a inclusão escolar compondo a docência).

(09/11/2016)

25. EMOÇÃO

Esticando o elástico
estourando o balão
só não ficou de fora
o tamanho da emoção
descoberta tempo agora
parecendo um refrão

Preencher a imaginação com o som da emoção.

(09/12/2016)

27. ARRANHÃO

Cachorro pega grito
gato acorda cachorro
o aviso agora é dado
o sono será acordado

O corpo deita no chão
não quer levar um pisão
imitar uma gatinha
que foge dando arranhão

As unhas também amolam a brincadeira.

(13/12/2016)

28. MELADO

Quadrado congelado
brincando com os pés descongelados
às vezes ficam grudados
com o chulé de cheiro melado.

O pé descongela para grudar na brincadeira.

(26/05/2017)

29. O SUSTO

A criança estava caminhando
o cachorro estava dormindo
o susto foi descoberto
com o cachorro latindo

Apareceu o gato
miando
o susto
se arrepiando
o gato
 passeando
viu um rato
gritando
deu pulo
aprontando
derrubando um prato

Todos agora conhecem
o susto que saiu da panela
arrepiou o pelo
cor de canela
fez careta embaçando a janela.

Até o susto, assustado, entrou na brincadeira.

(26/05/2017)

30. O MACAQUINHO E O TIGRE

O tigre viu o macaquinho
correu para pegá-lo
o macaquinho assustou-se
ao ver o tigre irritadinho

Subiu na árvore
bem longe dele
gritos com as mãos no rosto
eram crianças brincando
de susto
imaginação com sabor e gosto

Brincadeiras de imitar,
pintura do grito no ar
ecoava o som colorido
na altura longe do perigo

Quanto mais alto, mais o grito sobe (O "Grito", de Edvard Munch, para as crianças, passa a ser um medo em brincadeira).

(27/05/2017)

31. A ÁRVORE

A árvore de professor
O galho salvador
O tigre e o caçador
e o macaco saltador.

A imaginação da criança faz árvore de professor.

(02/06/2017)

32. CHULÉ

Dedos de formiga
até o joelho de urtiga
passos de aranha
descendo a perna arranha

Perto da meia
Lept schulept
eca
pé de chulé
sorriso sapeca

As palavras nascem do improviso.

(03/06/2017)

33. O SUSTO ASSUSTADO

O susto
ficou assustado
o rugido
de boca aberta
saltando da garganta
parecia um som alado

As crianças subiram cadeiras
dando pulos de primeira
o grito não afunda na água
são engolidos na mamadeira

O susto, quando brincado, descortina a aula teatral.

(04/06/2017)

34. SEMENTINHA

A sementinha cresceu
na terra que desceu
o campo virou árvore
o galho se arvoreceu

Folhas apareceram
flores germinaram
com o vento elas dançaram
ventania com braços alados
chuva para todos os lados.

O gesto se inspira numa passagem da literatura infantil.

(16/06/2017)

35. ATENÇÃO: AMARELINHA[4]

Amarelinha pelo chão
joga pedrinha
quicando na laje
pegando com a mão

O corpo salta alto
pisa forte com o pesão
o ensino na explicação
aprendizagem com atenção

A concentração tem sentido na amarelinha.

(16/06/2017)

---

[4] O jogo da amarelinha assume diferentes nomes no Brasil: no Rio Grande do Sul: sapata, no Rio de Janeiro: academia, cademia ou marelinha, na Bahia e no Pará: pular macaco ou macaca, no Maranhão: canção, em Minas Gerais: maré (pular maré), em Alagoas e no Rio Grande do Norte: avião, ou seja, assume diferentes denominações de acordo com a localização geográfica. Disponível em: https://pt.wikipedia.org/wiki/Amarelinha. Acesso em: 13 jan. 2023.

36. PEDRINHA

Raios
do dedão
todos atirados
rolando pelo chão

A pedrinha rola pela luz dos raios.

(16/06/2017)

37. ESCONDER

Esconde
esconde
o corpo barulhento
o barulho sorridente

Esconde, esconde
o sorriso denunciante
o olhar que se esconde
Onde? Onde? Onde?

A criança não consegue esconder um sorriso brincante.

(19/07/2017)

38. DORMINHOCO

O cachorro peralta
acorda todos os dias
o gato dorminhoco
que mostra seus dentes
correndo feito louco

Na casinha do seu toco
procura um esconderijo
bate na porta: – Toc, toc
Mas não entra se é lobo

O personagem sai da história e alimenta a memória criancês.

(19/07/2017)

39. BRINCÃO

Amarelinha jogada na linha
com o colega muito lega
pulando no chão pega
acertando com a mão
pedra, pedrinha, pedrão

Com a mira do dedão
uns brincaram outros não
correndo no calçadão
– Sou uma criança brincão.

O tempo do infinito esconde-se numa cor brincante.

(23/07/2017)

40. APAGALINHA

Amarelinha,
é a brincadeira
que a gente faz o salto
ir tão, tão alto
até não enxergar, sentir, mais a intensidade
o pé se arrasta e apagalinha
criando uma nova tonalidade

A cor da linha carregando a proporcionalidade dum tempo brincado.

(21/06/2017)

41. BOLINHA

Voa bolinha
rola bolinha
brinca bolinha
piscina de bolinha

Pula bolinha
acerta bolinha
que se enrola
como uma linha

A linha aparece no rolar da bolinha.

(13/07/2017)

47. DESENHO

Olho de caracol
olho o caracol
pintado com o sol
desenho com sorriso
enroscado no papel
colado com a tinta de mel

O caracol imita um rolo de papel que se abre.

(13/07/2017)

43. RODA-VIVA DA AULA

Saltar, explicar
formar grupos
chamar, organizar, voltar a conversar,
falar, para se agrupar
a roda do ensinar, não para de girar

Brincar, convidar
desenhar e colorir
cada um na sua folha
pintando a ida e a vinda
e o papel fica a mostrar o sorrir

O brincar da infância pode guardar-se no corpo e relembrar-se na memória do traço.

(14/07/2017)

44. PASSEIO DA BOLINHA

Bolinha da piscina
jogando com colega
sentado em losango
pé com pé abafa o chulé

A bola gira
rola o chão
passeia pelo corpo
equilibrando-se na mão

Voando num avião
procura a nuvem e descansa
corredora de sorriso
no grito que sempre alcança

A bola malabarista ensina o corpo a trocar de lugar no espaço.

(14/07/2017)

45. BARULHO

Som corre lá maior
atrás do sorriso menor
pega a pauta do solfejo
barulho que brinca a ritmar

A música da infância inspira-se no barulho da criança.

(14/07/2017)

45. ESCONDIDO

Depois do dez
não tem mais ninguém
só percebo quem espia alguém
Quem? Quem? Quem?

Corre, bate e se salva
um, dois, três, está batido
quem foi o primeiro escondido
Quem? Quem? Quem?

Criança cartografada pelos jogos infantis.

(21/08/2017)

47. CORRIDA

Bate, salva
depois espera
quem procura
tem que ser fera

Achar a bicharada
bem sabida e escondida
sem levar uma mordida
ser esperto na corrida

Corrida que escapa dos dentes e da mordida

(05/08/2017)

48. TÊNIS

Lept schulept
pé de chulé
tênis nas mãos
bate forte, bate fraco, bate rápido

Pisando em silêncio
pesado andante
gigante inocêncio
passo grande corrido

Imitando os animais
equilibrando-se com os pés
pulando da cadeira
sair voando para valer

Os tênis carregam memórias pós-corporais.

(05/06/2017)

49. ELÁSTICO

Elástico de balão
estourou na minha mão
elástico esticão
som de estourão

Elástico balão só na imaginação.

(18/08/2017)

50. ASSUSTOU

A criança se assustou
com o brinquedo que o cumprimentou
deu um salto para trás
quase tombou no cartaz

Era a sombra e o susto
era o medo grande do arbusto
cada um manifestou
a criança se assustou

O susto se apresenta para a criança desassustada.

(18/08/2017)

51. DESAFIO

O elástico desafio
pulando por cima de um rio
dentro é cheio
fora fica vazio

Cada qual salta do seu jeito
não importa o corpo e a habilidade
diferenças todos temos
aprendendo em qualquer idade

Pula ali o pintinho
no rio que riu do riozinho
desafio a mil milhãozinho
fazendo piu, piu, piu puizinho

O elástico estica a língua para as palavras ficarem alongadas.

(18/08/2017)

57. CONVERSA

O elástico conversa
com a turma arteirinha
ensinando a brincar
dum jeito maneirinha

Os sentidos prestam atenção
no jogo que inicia a ação
dupla prendendo nas pernas
a brincadeira que vem do chão

O chão estica, e o elástico não.

(25/08/2017)

53. INVENTÁSTICO

Saltando de plástico
cruzando rioástico
esticando linhástico
brincando fantástico.

As palavras se esticam, se deformam e dão sentidos à infância.

(25/08/2017)

54. CORPO ESCONDIDO

Tem lugar para contar
esconderijo para o corpo ficar
quem procura tenta espiar
onde cada colega
está a se enfiar

O esconde-esconde faz um geoespaço das possibilidades do corpo que espia.

(25/08/2017)

55. ENSINAGEM

O elástico é insistente
não cessa de ensinar
a criança é aprendente
um mutante do brincar

A celeridade na mutação acompanha as novidades do brincar.

(02/09/2017)

55. DENSIFICAR

Potência de ver
rever e refazer
ver a criança
adotar o aprender

Rever o acontecer
refazer o ensinar
mesmo exaustivo
densificar para fixar

A criança encontra a densidade quando o sentido e o brincar se temporalizam.

(02/09/2017)

57. SURPRESA

A surpresa foi geral
do susto coisa e tal
a cobra tinha um goela
cabendo uma criança na barriga dela

Se fosse na imaginação do Pequeno Príncipe, de Antoine de Saint-Exupéry, seria um elefante dentro da jiboia.

(15/09/2017)

58. GIRAR

O bambolê apareceu
chamando o salto teu
o bambolê brinca de rima
com a destreza que é de prima

Joga para cima
não precisa ser perfeito
qualquer feito do brincar
girar pelo alto
voar
cair caindo do seu jeito

O bambolê ensina, na diferença de cada criança, seu modo de ser e brincar.

(15/09/2017)

59. A ONDA

A onda de bolinha
saiu rolando no lençol
imitando uma rodinha
virou um peixe-bola
que voava para fora

A ideia veio do seu Cuco
Linguagem criancês
Teatro Mario Quintana
sentidos dos bebês

A arte cênica como uma onda na direção do criançar.

(29/09/2017)

50. TOCA TOQUINHA

Troca de toquinha
fugindo da raposinha
dentro do bambolê
levanta os braços, esconde você

A regra aceita a imaginação infantil.

(29/09/2017)

51. MEIA LUA

A lua apareceu
A lua divide o céu
lua de estrelas a contar
cheia de cometas a voar
quando ela se desfez
meia lua, lua e meia
meia, meia, um, dois, três

O corpo se mexeu
quando parou estremeceu
cada criança fala na sua vez
meia, meia, lua, um, dois, três

Os números foram inventados para somar na brincadeira dividida pela lua.

(29/09/2017)

57. CAPOEIRA CHEGOU

Vou falar para o meu senhor,
que a capoeira já chegou
vou falar para minha senhora,
que a capoeira já chegou

A capoeira já chegou
a criança acordou
a ginga, jogo, jogou
e o corpo despertou

Tem capoeira, tem ladainha na brincadeira.

(16/11/2017)

53. A CAPOEIRA SAIU

Vou falar para o meu senhor
que a capoeira vai embora
vou falar para minha senhora
que a capoeira vai embora

Vou falar para a criançada
– Está chegando a hora
vou saindo porta a fora
e a criança fica e chora

Cantoria de capoeira, abre a porta de saideira.

(21/11/2017)

54. CAMALEÃO

Cores de camaleão
numa fita que saiu do chão
foge do horizonte do olhar
fazendo o mundo girar

Movimentos dançantes
descobertas vibrantes
convidando a brincar
no laço de desenhar

Giros de apresentações
evoluções e atenção
para a fita enrolar
e depois se enroscar

É preciso descamar as cores enroladas do camaleão.

(02/15/2018)

55. ENGATINHANDO

No telhado engatinhavam
procurando um ratinho
miando lá do alto
quem escutou fugiu bem rapidinho

O gatinho foi atrás
do bicho nojentinho
fugindo das suas unhas
quase levou um arranhãozinho

O telhado esconde as unhas do gato.

(16/02/2018)

55. PINTURA

O camaleãozinho não queria
nem um pouco brincar sozinho
com as cores esparramadas
na calma convidou uma criança
fez então
da lambança
uma baita lembrança

Enrolou os pincéis
misturando todas as tonalidades
que voavam no alto da cidade
chamando o trovão de explosão
rodopiando como um furacão

Se mexeu
como um minhocão
pintou uma serpente
saiu voando o céu
arrastando chão de papel

O brincar das cores guarda-se na lauda, para deixar a memória avoar.

(22/02/2018)

57. A LUA E O TELHADO

A lua lá do alto
reluziu o preto gatinho
escondeu o ratinho fujão
que quase levou um arranhão

As crianças subiram no telhado
imitando pega-pega
do gato atrás do rato
e o luar correndo ao seu lado

O livro brinca com a imaginação, e a imaginação brinca com a criança.

(23/02/2018)

58. PEDRINHA

Como os pés
saltou e voou
brincadeira complicada
parecendo uma escada

Amarelinha explicadeira
que só queria sair da cadeira
brincar e jogar
pedra, pedrinha na pedreira

A cadeira sai da cena do sentar-se para o corpo saltar e brincar.

(23/02/2018)

59. ESCOLA FLORIDA

O Peralta virou a tinta
pintou e bordou
girou com o corpo
coisas que consigo inventou

Jogou as cores para cima
muito, muito, muito, brincou
deixando a escola florida
brincando dentro de si
com a fita colorida

A fita encontra o pensamento e movimenta ideias das crianças.

(01/03/2018)

70. CARANGUEJO

Tinha salto com um só pé
pisando na casinha do Zé
subindo como escadinha
mudando a brincadeirinha

Virando uma estrelinha
para não tocar na pedrinha
tinha o caranguejo com a pá
que fazia furo no queijo
brincando na amarelinha
soava o tá, tatá, tá

Do seu jeito, cada criança tem um jeito de fazer o seu bem feito.

(02/03/2018)

71. O TIGRE E O MACACO

O macaquinho estava faceiro
ficava gargalhando
na carcunda do companheiro
O tigre ficou irritado
com este sujeitinho abusadinho
de tanto carregá-lo nas costas
já estava muito irritado
Fugindo do seu tigre
o macaco perdeu seu sapato
está, agora, apavorado
com o amigo muito brabo

Lá na árvore está seguro
mas o pé com chulé
de tão rápido que subiu no galho
deixou um rastro no caminho
O susto e o cheirinho
que o Tigre já respirava
só podia ser sentido
usando o seu focinho

E o tigre e o macaco fizeram da história uma brincadeira.

(16/03/2018)

77. O CORPO CANTOU

O corpo se ritmou
no encontro com o *"sound"*
voando em música corporal
cantou, brincou e dançou

Neste dia que passou
na sua memória que ficou
o corpo em alegria
com a voz gesticulou

A música convida o corpo a cantar seus movimentos.

(16/03/2018)

73. INVENÇÃO

As fitas foram ao ar
sem asas a voar
na sua transformação
imitaram um pião

Deixaram a Rapunzel
com um baita cabelão
era tanta invenção
que fitas
não cabiam na sua mão

E das fitas surgiram as tranças coloridas.

(16/03/2018)

74. ACORDAR E FUGIR

O Tigre olhou para mim
avisou com palavras
que iria ficar irritado
se, pelo macaco, fosse acordado

O macaco muito danadinho
ficou escondidinho,
rindo e quietinho
experto e de mansinho
acordou o animalzinho

Por demais irritadinho
correu pelo pátio urrando
para pegar aquele espertinho
que foi para a árvore
subir bem rapidinho

O dorminhoco que espera ser acordado.

(23/03/2018)

75. BRINCOU, OU, OU

O Peralta derrubou
o bambolê, para o chão voou
agora tudo que bagunçou
a criança se levantou e gritou

De tanto que brincou
na aula com elegância
no tempo passou
passeou tempo infância

Se na história não tinha bambolê, na brincadeira foi para valer.

(28/03/2018)

75. A JIBOIA

A árvore cresceu
as crianças nela subiram
até a jiboia de braços
enrolou-se em galhos abraços

Fazendo sombra com as mãos
a cobra dormiu no chão
as crianças que estavam por perto
pensaram num pular esperto
pés de solas saindo do chão
como molas saltadoras

A dona cobra acordou
depois do pisão que levou
assustadas
corriam para todos os lados
com as cordas movimentadas

Não era uma árvore, eram movimentos dentro da jiboia.

(06/04/2018)

77. A CORDA

A corda estava tristonha
não brincava nem com a aranha
o dedo tocou nela
fazendo-a cumprimentar

Depois do "oi"
a criança se assustou
com a corda que falou
após o estranhamento
foram amigas em brincamento

A criança brincou com ela
aprendeu alguns pulinhos
era grande o desafio
tinha até que ultrapassar o rio

Era alto o olhar
distância a se arremessar
o corpo se inclinava
para voar no ar
A curiosidade criançês foi desafiada a saltar a inventividade.

(06/04/2018)

78. BRINCARES

O bambolê aprontou muito
rolando pelo chão
girando pela mão
voou como um avião

Depois que caiu no chão
quase levou um pisão
eram tantos brincares
que os corpos sorriam
passeando pelos ares

Passear à disposição dos brincares.

(06/04/2018)

75. PERALTA II

O Peralta olhou para cima
pensando no que faria
a ideia era arteira
subir na cadeira
derrubar o bambolê
do telhado para a areia

As crianças descobriram que já faziam peraltagens.

(12/04/2018)

80. ACORDA

A criança brinca
com a corda
depois que ela acorda
– Acorda, corda!

Corre, salta por cima dela
passando pela trilhada
movimenta-se toda engraçada
porque ela é muito atrapalhada
às vezes fica no alto
noutras no chão deitada

Mas o legal é desafiar
o corpo que quer brincar
porque
agora está na hora da corda acordar

Quem não acorda como a corda fazendo atrapalhada com o corpo?

(12/04/2018)

81. HÁ, A CORDAR

A corda acordou
para pular com a criança
a criança acordou os pés
para fazer lambança

Os pés saíram do chão
voando num só pulão
sem parar de dar pisotão
acordaram a milhão

O terremoto do pisão fez a corda dançar no chão.

(12/04/2018)

87. IDEIA DE CORDA

As cordas tiveram uma ideia
de transformarem-se num rio
água cheia de piranhas
maré repleta de jacarés

Não se podia pisar na água
nem tampouco se molhar
muito menos mergulhar
nem um pouco nadar

Para o pé não ser mordido
o salto desafiou a coragem
do rio que era imagem
criação para as crianças

Era a velha invenção
fazer de corda um rio
lugar grande e pequeno
e não cair no espaço vazio

A repetição da brincadeira repete-se para distribuir a potência da diferença que está no brincar (A diferença e repetição, de Jilles Deleuze).

(13/04/2018)

83. APRENDER

A mão balançou a corda
para os colegas ultrapassarem-na
crianças com iniciativa
agora brincam sozinhas

O professor fica cuidando
seus jeitos e brincadeirinhas
adotar o aprender
com os amiguinhos e amiguinhas

A curiosidade infantil carrega a potência de uma adoção de aprendizagens (Trazendo aqui a (re)descoberta do ensino, de Gert Biesta).

(13/04/2018)

84. FALSA BAIANA

A mão não soltou
o corpo que se pendurou
em cima a corda parava
em baixo se balançava

Era o medo e a alegria
um pouco de receio e muita ousadia
uma travessia bacana
chamada falsa baiana

O desafio encontra as sensações da aventura que existe na altura.

(20/04/2018)

85. PULANDO

Pulando muitas vezes
pulando e aprendendo
pulando e olhando
sem parar de se movimentar

– Seu Pular, quando você vai parar?
– Quando o corpo cansar de contar.

Mas sempre tem uma criança para a corda que cansa de girar.

(20/04/2018)

85. LECO E LECA PETELECO/A

Leco e Leca peteleco/a
deram um teco
no chãozeco
na batida do dedo Déco

Melhor peteleco na bolinha do que o dedo lanhado de raspar no chão.

(08/06/2018)

87. DEDO

Leco Peteleco
dedo de empurrão
joga longe a bolinha
rolando pelo chão

Junto da bolinha, rola o corpo em experimentação.

(15/06/2018)

88. MEIA LUA

Meia lua nos ensina
que o corpo faz magia
uma hora estava aqui
noutro momento aparecendo ali
trocando de lugar
fazendo o frio congelar

Só a lua é mais lenta para trocar de lugar e de pose.

(15/06/2018)

89. LUA E LINGUAGENS

A lua e suas, mais de cem linguagens
dos sinais com as mãos
de sons com a boca
conversam nos sonhos
congelam o corpo
multiplicam as poses
inventam os gestos
eternizam palavras
destravam movimentos
flanando no ócio dos brincares

Meia, meia, lua, um, dois, três
Media, media, luna, uno, dos, tres
Demie, demie, lune, une, deux, trois
Mezza, mezza, luna, uno, due, tre
Hangetsu, ichi, ni, san
Half, half moon, one, two, tree
Halb, halb mond, eins, tzwein, drei
Idaji, idaji, òsùpà, eení, eéjì, eéta (Iorubá)
Jasy, mbyte, mbyte, petei, mokoi, mbohapy[5]

Voam países, caem palavras.

(16/07/2018)

---
[5] Tradução feita pela Prof.ª Teodora de Souza Guarani e pelo Prof. Lidio Cavanha Ramires Kaiowa.

90. LECO E LECA CHULECO/A

Dá um chute com a meia
voando como teco-teco
a bola sai do pé e vai encostar no teto
planando no ar
perece um boneco
pendurado numa teia
gol do Leco e Leca Chuleco/a

Os chutes impulsionam as asas aprumadas.

(17/07/2018)

91. PLANETA BOLA

O planeta caiu do céu
na cabeça da criança
pensamento avoando alto
levou um tombão
esparramando ideias no chão

Conversando com o planeta bola
aprendeu a chutar
e a pelota acertar
fazendo gol, comemorar
agora, é só praticar

A criança, com a bola, brinca no tempo e descobre que já inventaram o fim, como escreveu Ricardo Silvestrin.

(18/07/2018)

92. LECO E LECA CHULECO/A E A BOLA

Leco Chuleco, chutou a bola
no teto que gruda e cola
Leca Chuleca, jogou pelota
com colegas muito legas
Leco Chuleco, fez um gol
A criança pulou e vibrou
Leca Chuleca, correu e sorriu
no pátio, brincando a mil
Leca Chuleca, pé de futebol
até o pôr do o sol
Leco Chuleco, com a bola
é só desafio

A bola rola com as crianças da escola.

(20/07/2018)

93. FUTEBOL

A bola chutou o pé
o gol deu um rolê
o grito saiu correndo
o jogo ficava olhando

E a brincadeira? É uma pelota criançando.

(23/07/2018)

94. VOOU

O medo assustado
o susto medroso
a corda cumprimenta
e o susto se apresenta

Quem olha, comenta:
– É um medroso!!
o medo se assustou
o susto se medrou

A criança debochou
mas ninguém não chorou
no fim com corda
todo mundo brincou

A corda pegou asas
e o medo
no susto
voou

O susto e o medo estão escondidos na história de teatral.

(19/02/2019)

95. PERALTA III

O Peralta dormiu nas férias
e acordou puxando a corda
convidou as crianças
a pularem de montão

Eram tantos pés acordando
que fizeram tremer o chão
eram tantos sorrisos na aula
que brincaram de multidão

Repete a literatura do Peralta para a diferença da brincadeira.

(21/02/2019)

96. CORDA

A corda agora
a corda na ágora
o pátio é a praça
a criança é só graça

Fazendo girar
ao redor dos demais
para a brincadeira começar
trilha um, trilha duas ou mais

Nenhum pulo
pula ainda é para trás
os olhos aprendem
a propriocepção sente
o que corpo é capaz

A corda tem argumento para animar o brincar.

(24/02/2019)

97. A CORDA PERALTA

Olhando para cima
encontrou a corda que rima
puxando sua pontinha
derrubou ela todinha

Eram tantas espalhadas
que a criançada deu gargalhadas
era um rola, salta, se equilibra
Que apareceu até a Dona Corrida

Noutro tempo:
a corda, o Peralta e a amiga
foram brincar
com a Dona Formiga

A corda não se cansa de se reinventar.

(01/03/2019)

58. O TIGRE E O MACACO

O macaquinho era brincalhão
o Tigre, muito brabão
os dois eram amigos
e brincavam de montão.

Pulavam da ponte
equilibravam-se com os pés
escalavam as cadeiras
crescendo, crescendo
sem as suas mamadeiras

A brincadeira da criança cresce e deixa lembrança.

(06/09/2019)

99. O CIRCO

No circo tinha de tudo
malabares brincando com as mãos
como bolas de sabão
equilíbrio num só pé
do corpo aprendendo o que é
sem o cheiro de chulé

Mágica com os olhos
sem achar o que aparecia
e, também, desaparecia
desafios de montão
no circo da imaginação

Brincar, girar e estar em circo.

(29/08/2019)

100. SUSTO DE ACORDAR

O gatinho foi dormir
e não percebeu no espaço
passos no silêncio do ar
era o Peralta preparando
um susto de acordar

Foi um corre para cá,
corre para lá
que ninguém parava de gritar
imitando agora
uma brincadeira de pegar

O susto brincante é precedido do silêncio acordado.

(08/06/2019)

101. A BOLA MALABARISTA

No chão estava chorando
com ninguém estava a brincar
a criança se assustou
quando a bola
com ela conversou

Muitas coisas ela fez
equilíbrio, chutes e "golês"
malabares voadores
agora é sua vez

Aprendendo
com as mãos
voar com uma bola
e não cair no chão

O corpo fica em malabaristar.

(23/08/2019)

102. DIVERSÃO

Cada um do seu jeito
brincava do "seu circo"
aprendia com as mãos
o que é feito de montão

Malabares só queriam
com a Maria, José e João
brincar de circo voador
era muita diversão

A magia da imaginação no circo de criação.

(05/09/2019)

103. DESENHO

Brincadeira desenhada
malabares com as mãos
Leco Peteleco fez o quê?
Inventou dedos de empurrão

Equilíbrio com a caneta
estacionando no papel
o traço da lembrança
duma brincadeira de criança

O desenho como uma pintura rupestre na parede da memória.

(05/09/2019)

104. GINÁSTICA

Rolamento de cambalhota
o corpo
se enrola
vira uma bolota

Enrolamento
de brincadeira
a criança
rola faceira

Estrelinha girando
desafio brincando
movimento de tonteira
cabeça para baixo
também é uma maneira
e os pés
levantam-se na voadeira

E a ginástica aguardava o seu poema.

(06/05/2021)

105. AMORTECIMENTOS

Me ajudou no Judô
a cair sem machucar
o corpo a rolar
brincar de fazer o que fiz
usando os *"ukemis"*

O judô também poemou.

(12/10/2019)

105. LADAINHA

Brincou de Capoeira
me chamou de moleque,
respondeu com o dedo em riste:
– Que moleque, moleque é tu!

Imitou os animais
me chamou de moleque
Respondeu com a linguagem dos sinais:
– Que moleque, moleque é tu!

A capoeira carrega múltiplas linguagens.

(05/11/2019)

107. 2020, INVENTE

Dois mil e vinte
aulas na escola, nem vinte
crianças correndo, invente
não aconteceu, nem tente

Aliás, a palavra foi invente
vínculos e modos de criação
sobraram vídeos e lives de montão
WhatsApp, grupos, uns vinte
salas no Zoom, Meet, convite
assim, foi passando
assim passou,
dois mil e vinte

O ano que deslocou a aula presença para a aula distância.

(09/05/2020)

108. REINVENTAR

Os bambolês pulando amarelinha
casinha, caracol e "xis"
escolhendo onde se transportar
e qual lugar ocupar

Bater na porta e entrar
o corpo
brinca de tentar
outros jeitos de se reinventar

O bambolê se reinventa a cada volta.

(02/06/2021)

109. PRIMEIROS PASSOS

Conhecendo os primeiros passos
observando os espaços
a pedrinha cai na casinha
o corpo aprende com a linha

Saltando com as mãos
no desenho deitado no chão
a pedra rola no lado
parecendo um dado pintado

Para as crianças que estão retornando à escola.

(08/06/2021)

110. EXPLOSÃO

Do livro mágico
o sonho do elefantinho
era sair por aí
pulando elastiquinho

O sono esticou
espreguiçou-se dos pés
até os dedos das mãos
num tamanho da invenção
que não cabia na imaginação

Cada pisotão
parecia uma explosão
a brincadeira não terminava não
porque o elástico
era só mágica em aparição

Após a fumaça de gelo-seco, emerge a brincadeira.

(10/08/2021)

111. TRÊS DIAGRAMAS

A aprendizagem avançou
com a menina que olhou
com o colega que saltou
nas casinhas de amarelinha
o corpo dançou e expressou

Agora são três
cada um na sua vez
de casinha, "x" ou "caracol"
brincar no chão,
o desenho refez
fez jeitos de ensinar

A participação do olhar que aprende e da percepção que sente.

(15/06/2021)

117. GUARDAR A LEMBRANÇA

Amarelinha brinca na linha
os desenhos saltam nos mindinhos
o escorregador também é jogador
o caracol convida o sol de calor

A casinha também é minha
o "xis" risca com o giz
a criança entende
que a lembrança é aprendente

No interior de uma cor pulante, guarda-se a lembrança brincante.

(16/07/2021)

113. AMARELINHA DE BAMBOLÊ

O frio saltou na sala
o vento fez e desfez
casinhas de bambolês
toquinhas de amarelinha
caracol e xis
brincadeira para desenhar com giz

Amarelinha não tardia, recuperando a greve do outro dia.

(17/07/2021)

114. AMARELINHA SORRINDO

Amarelinha mais uma vez
da casinha, caracol, "xis", talvez
o corpo aprende do seu jeito
o movimento que é feito

Inventando outra maneira
para sorrir noutra cor
com o escorregador na brincadeira
desce a pedrinha depois a crianceira

Saltando com um e dois pés
desenhando na sala
ideias sem fim
sorrindo para mim

O sorriso tem cores, a amarelinha, sabores, e a criança, amores brincantes.

(19/07/2021)

115. SEM FIM

Não tem fim
a amarelinha que mora em mim
o brincar é infinito
um horizonte que imito

Cada aula em exsudação
dos diagramas do chão
da pedrinha na mão
que não cessa a invenção

O tempo não encerra a ludicidade enquanto se é criança.

(20/07/2021)

115. TEMPO PARA BRINCAR

Naquele dia,
as crianças brincaram tanto
tanto tempo
que o tempo esqueceu do tempo
porque o tempo da infância
é um tempo que não falta tempo
de ter tempo para brincar

O tempo da criancice precisa alargar os minutos.

(19/07/2021)

117. PALMA DA MÃO

Meus olhos pensamentos
tempo brinca sem fim
filme elástico assim
dedos, pés em sequência
horizonte fonte
imaginação, ideias
descoberta palma da mão

Esticando o pensamento das crianças.

(17/08/2021)

118. DEDOS CONTANTES

Cada amigo brinca brinquedo
tartaruga, macaco sem medo
mas chegou o professor
imitando uma criança
assustado com o elástico
que só queria ensinar
os saltos do brincar
sem parar de esticar
fazer o corpo dobrar
e o filme para contar
que até os dedos sabem somar

E o elástico se fez ensinante de uma vez.

(17/08/2021)

115. ALTO DO CHAPÉU

Do alto do meu Chapéu
muitas brincadeiras
eu vi, vivi
amarelinha e elástico

Cada uma
movimento fantástico
inspirado pela autora
Gláucia, a escritora

Ideias que desenhem
Recortes que espelhe
gêmeos idênticos
de Hans Christian Andersen

Cada literatura espalha ideias a se brincar.

(01/09/2021)

120. MARES DA IMAGINAÇÃO

Para brincar de elasticar
ficar sério com as regras
corpos imóveis
deve haver uma brincante atenção

Com Rodas de sorrisos
a travessia é importante
adoção do aprender
convite do viajar
remos do navegar
por mares da imaginação
infâncias do criançar

Cultura de sentidos que captura os momentos vividos.

(01/09/2021)

121. LUGAR DA INFÂNCIA

Do alto do meu Chapéu
eu vi o elástico esticar o mundo
assustar a criança cantante
brincar com o corpo de papel

Recortado no desenho dobrado
pular elástico aumenta nosso tamanho
elástico é o que faz ar
faz o lugar da infância
ser muito maior
que o pátio
da quadra escolar

Abre-se o papel recortado e descobre-se o gesto e seus contornos.

(19/09/2021)

122. SORRIR DE CRIANÇA

O boneco pulou elástico
recortado ficou fantástico
para os lados não estava estático
era uma dupla imitadora
no espelho fantasmático

Brincando com as crianças
pulavam em passos de dança
o que importava
era a lambança
no sorriso de criança

O sorriso dança no alto do chapéu.

(21/09/2021)

123. HORIZONTE DO BRINCAR

Esticando os horizontes
o brincar não criou montes
só um montão de brincadeiras
na linha sem fim
das crianças elastiqueiras

Assim como os poemas que se esticam a cada aula.

(21/09/2021)

124. ENFARAR DE BRINCAR

A criança percebeu
que o estômago é descobridor do corpo
o professor, então, passou a ensinar
coisas com sabor de brincadeiras
para alimentar a barriga do brincante

Inspirar-se no poeta Manoel de Barros ajuda a ser um descobridor de poemas.

(29/09/2021)

125. CAPOEIRA NA LOUSA

Capoeira na lousa
movimentos dos animais
cantando ladainhas
alegrias radicais

Rodas musicais
"ou sim, sim, sim, ou não, não, não"
chamar de moleque
tem resposta na ponta língua:
– Moleque é tu!

O movimento sai do desenho para o corpo da criança.

(10/11/2021)

175. DESENHOS COMENTADOS

"Um coração de berimbau"
Berimbau tem sentimento sim.

"Casinha de berimbau"
Berimbau tem onde morar

Quando toca na aula
o corpo pula
salta a emoção,
pulo guardado com o grito vindo do pulmão

As crianças poetizam desenhos que brotam do chão.

(10/11/2021)

127. MEMÓRIA CAPOEIRA

A capoeira passou
passou na brincadeira
elevou o corpo em ginga
dança de saideira

Quem conheceu aprendeu
uma memória pouco passageira
o que vale é a lembrança
história mandingueira
da criança capoeira

A lembrança fica guardada na música da capoeira.

(30/11/2021)

128. CORPO TRABALHO

O corpo cansa
não descansa
insiste, resiste
ri e existe

Cada aula
tempo gira
cada dia
passa vira

A pausa pensa
o corpo
o corpo
o corpo renova
nova energia

Os poemas dão corpo ao trabalho.

(02/12/2021)

129. IDEIA VIAJANTE

A fita foi uma surpresa
voando no céu
azul turquesa
as cores pintaram o vento
o ar saiu correndo

E as crianças:
ah, as crianças eram sorrisos dançantes
num tempo brincante
em que os gestos são cantantes

E o brinquedo: o brinquedo ganha vida na ideia criançante.

(15/12/2021)

130. O DIA VOLTOU

Não tinha sol na brincadeira
somente nuvens na clareira
a criança esperava faceira
com o prenúncio da aula maneira

Foi então que chegou o ventão
arrastando para todos os lados
as nuvens de pareidolias aladas
brinquedo voando, limpando o céu
O foi que se escutou:
– O dia voltou!

E poema se fez na linguagem da criança, perseguindo as palavras do Miguilim de Guimarães Rosa.

(16/07/2021)

131. OS BRINCANTES

Quando as coisas infinitas
são trazidas pelas crianças
lembro do encontro que tive
com a poesia de Manoel de Barros

Um cuidado áulico convocando o ensinamento.

(22/12/2021)

138. SIMPLICIDADE

Cordas pulando em imaginação
elástico esticando a invenção
giz de ideias para colar
lousa de ensinamentos

Fitas de movimentos mágicos
bolas do circo equilibrista
desenhos para historiar
bambolês e seus olês
bichinhos de imitação
capoeira entrando na brincadeira

Aventuras na Falsa Baiana
literaturas em significação
infância de cada idade
brincando com simplicidade

E as aulas se fizeram poemas, e os poemas saborearam as aulas.

(26/12/2021)

133. ENCANTO

No entanto
não foi tanto
o esperado por enquanto

Mas foi tanto
quanto um canto
que saiu de um canto
nos cantos onde moram os cantos
recantos dos tantos cantos

O brincar é tanto quanto um canto, que saiu de um do canto, guardado num canto, encanto da criança em brincanto.

(27/12/2021)

134. MAIS DE CEM POEMAS BRINCANTES

Foram mais de cem aulas
centenas de ideias
múltiplos gestos
inúmeras histórias
corpos brincantes

Foram cem aulas
sem faltar o ensinar
sem esquecer de se movimentar
sem parar de rodar
mundo da infância a girar

Foram-se cem aulas
chegarão tantas mais
mais cem, duzentas e tais
na verdade,
são infinitesimais
as pequenas traduções
das múltiplas partes dos brincares
crianças e seus movimentares

As aulas foram/são feitas para se compor: com/por, mais de cem poemas, com/por uma docência cuidadosa, com/por (po)éticas pedagógicas.

(28/12/2021)